호기심을 키워주는
하루 한 장 초등 글쓰기

지은이 / 박재찬 (달리쌤)

아이들과 글로 이야기하는 걸 좋아하는 교사다. 글을 가지고 아이들과 꽁냥꽁냥 하는 걸 즐긴다. 어느덧 교사로서 아이들을 만나온 지 13년이 되었다.

"I am not strange, I am just not normal."이라는 명언을 남긴 에스파냐의 초현실주의 화가 살바도르 달리를 오마주하여 '달리쌤'이라는 닉네임을 스스로 정했다. 이 책『호기심을 키워주는 하루 한장 초등 글쓰기』에 나온 질문들도 초현실주의자들이 즐겨 사용하던 '데페이즈망'이라는 기법을 사용하여 만들었다. 'not normal'한 생각을 통해 상상력이 생겨난다고 믿고 있으며, 학급의 모든 학생들이 웃으면서 신나게 글쓰기를 하는 'not normal'한 공상을 자주 한다.

"어떻게 하면 글쓰기를 싫어하는 초등학생들이 글쓰기를 좋아하게 만들 수 있을까?"라는 질문에 대한 답을 찾아가는 과정에서『상상력을 키워주는 하루 한장 초등 글쓰기』와『창의력을 키워주는 하루 한장 초등 글쓰기』,『호기심을 키워주는 하루 한장 초등 글쓰기』를 펴냈다. 이 책이 징검다리가 되어, 무라카미 하루키나 베르나르 베르베르보다 탁월한 소설가가 우리 반에서 탄생하길 바라고 있다.

그린이 / 김영주

『최진기의 교실밖 인문학』,『장선화의 교실밖 글쓰기』,『창의력을 키워주는 하루 한장 초등 글쓰기』,『호기심을 키워주는 하루 한장 초등 글쓰기』에 그림을 그렸다.

하루 한장
초등 글쓰기 밴드

달리플래닛
블로그

초판 1쇄 발행 2021년 2월 25일
　　3쇄 발행 2024년 3월 4일
지은이 박재찬
그린이 김영주
펴낸이 이형세
펴낸곳 테크빌교육㈜
디자인 어수미
테크빌교육 출판 서울시 강남구 언주로 551, 5층 | **전화** (02)3442-7783 (333)

ISBN 979-11-6346-114-2 73700
책값은 뒤표지에 있습니다.

테크빌교육 채널에서 교육 정보와 다양한 영상 자료, 이벤트를 만나세요!

블로그 blog.naver.com/njoyschoolbooks　　**페이스북** facebook.com/teacherville
티처빌 teacherville.co.kr　　　　　　　　　　**키즈티처빌** kids.teacherville.co.kr
쌤동네 ssam.teacherville.co.kr　　　　　　　**티처몰** shop.teacherville.co.kr

이 책의 무단 전재와 무단 복제를 금합니다.
잘못 만들어진 책은 구입하신 서점에서 교환해드립니다.

배움의 첫걸음은 호기심이다!

호기심을 키워주는
하루 한장
초등 글쓰기

글쓰기 질문 **100**

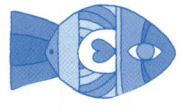

박재찬 지음 | 김영주 그림

테크빌교육

머리말

호기심의 비밀

세계의 많은 사람들은 독일의 물리학자인 알베르트 아인슈타인을 천재라고 생각합니다. 하지만 아인슈타인은 스스로 천재가 아니라고 말했죠. 대신 자신이 뛰어난 생각을 해내고, 탁월한 이론을 발표할 수 있었던 이유를 이렇게 말했습니다.

I have no special talents. I am only passionately curious.
나는 천재가 아니다. 다만 호기심이 많을 뿐이다.

한마디로 호기심이 많았기 때문에 뛰어난 생각들을 해낼 수 있었다는 것입니다. 그렇다면 호기심이란 무엇일까요? 호기심은 마음입니다. 모르는 것을 알고 싶어 하는 마음.
이런 마음을 가지고 있는 사람들은 평소에 다음과 같은 질문을 자주 합니다. "왜 그럴까?", "무슨 일이지?", "왜 이렇게 생겼을까?", "왜 이런 일이 생긴 걸까?" 호기심이 많은 사람들은 어떤 물건이나 현상을 보고 그냥 지나치지 않습니다. 궁금해하고, 알고 싶어 하죠.
여러분은 호기심이 많은 사람인가요, 호기심이 없는 사람인가요? 하루 24시간을 보내면서 "왜 그럴까?"라는 생각을 몇 번 정도 하나요? 모르는 것을 알고 싶어 하고, 그 이유에 대해 끊임없이 질문을 던지는 바로 그 습관에 마르지 않는 호기심의 비밀이 숨어 있습니다.

누구나 호기심을 가지고 태어난다

어떤 것을 배우는 일의 첫걸음은 그것에 대한 호기심을 갖는 것입니다. 다행히도 이런 호기심은 태어날 때부터 누구나 가지고 있습니다. 본능이라고 할 수 있죠.

어린아이들의 모습을 떠올려보세요. 이제 막 걸음마를 뗀 아이들은 세상의 모든 것에 호기심을 가지고 있습니다. 그래서 이것도 만져보고 저것도 만져보죠. 왜 이렇게 생긴 건지 입으로 물거나, 발로 차거나, 손으로 던져보기도 하고요. 이처럼 호기심은 어른이 돼서 생기는 게 아니라 어렸을 때부터 가지고 있는 마음입니다.

하지만 안타깝게도 시간이 지나고, 어른이 되어갈수록 호기심을 느끼는 경우가 줄어듭니다. 아는 게 많아지면서 더 이상 "왜 그럴까?"라는 질문을 하지 않기 때문이죠. '그냥 원래 이런 건가 보다.'라는 생각을 하게 되는 순간, 호기심은 보이지 않는 곳으로 숨어버립니다.

어떻게 하면 호기심을 계속 가지고 있을 수 있을까요? 꾸준히 나에게 질문을 던져보면 됩니다. 이걸 도와주는 게 하루 한 장 글쓰기입니다. 하루에 한 번씩, 평소 당연하게 생각하던 것들에 대해 "왜 그럴까?"라는 질문을 던져보는 것. 그리고 이 질문에 대한 나만의 생각을 적어가는 것. 이걸 하루 한 번씩 반복해가다 보면 어느새 호기심을 '가진' 사람이 아니라 호기심이 '많은' 사람이 될 수 있습니다. 이게 바로 우리 머릿속에 들어 있는 호기심을 죽이지 않고 계속해서 키워나가는 확실한 비법입니다.

매일 하루 한 장 호기심 글쓰기

앞에서 호기심은 마음이라고 말했습니다. 새로운 것을 자주 보려는 마음, 당연하다고 생각하고 있던 걸 당연하지 않게 여기는 마음, 언제나 알고 싶어 하고 궁금해하는 마음 말입니다.

어떻게 하면 호기심 글쓰기를 잘할 수 있냐고요? '좀 더 새로운 건 없을까?', '이건 왜 이럴까?'라는 마음을 가지고 우리 주변에 있는 물건들, 상황들을 바라보세요. 그리고 나의 생각을 하루 한 장씩 글로 적어가 보세요. 그러다 보면 어느새 호기심 많은 '호기심 부자'가 되어있을 것입니다.

이전 도서 『상상력을 키워주는 하루 한 장 초등 글쓰기』에서는 아이들이 자유롭게 상상하고 꿈꿔볼 수 있는 질문들에 집중했습니다. 『창의력을 키워주는 하루 한 장 초등 글쓰기』에서는 새로운 것을 생각하게 해주는 질문, 즉 창의력을 끌어낼 수 있는 질문들에 집중했고요. 이번 『호기심을 키워주는 하루 한 장 초등 글쓰기』에서는 당연하다고 생각하며 스쳐 보냈던 사물이나 현상에 대해 다시 한번 생각해보게 만들어줄 질문들에 집중했습니다. 세 권을 활용해 생각하는 시간을 갖고 글을 쓰다 보면 상상력, 창의력, 호기심이 가득한 하루하루를 만들어갈 수 있지 않을까요?

자, 그러면 지금부터 호기심을 키워주는 질문들과 함께 눈을 반짝이며 우리 주변을 살펴볼까요?

차례

머리말 … 4

호기심을 키우는 방법 … 8
초등학생들이 들려주는 글쓰기 비법 … 10
이 책의 사용법 … 12
나와의 약속 … 14
호기심을 키워주는 글쓰기 질문 100 … 17

글쓰기 인증서 … 123

호기심을 키우는 방법

첫째, "왜 그럴까?"를 자주 생각합니다.

내가 가지고 있는 호기심을 가장 쉽게 풀어낼 수 있는 방법은 "왜 그럴까?"라는 질문을 자주 하는 것입니다. 무엇을 보든 무엇을 배우든 항상 "왜?"라는 생각을 해보세요. 우리가 매일 보는 돈을 예로 들어보겠습니다. 만 원짜리 지폐는 왜 오천 원짜리보다 클까요? 왜 오백 원짜리는 동전인데 천 원짜리는 지폐일까요? 왜 오만 원짜리 지폐에는 신사임당의 얼굴이 들어있을까요? 이렇게 생각한 다음에는 그 이유를 찾으려 노력해보는 겁니다. 그러다 보면 또다시 "왜?"라는 질문을 던질 만한 내용을 찾게 될 겁니다.

둘째, 답답한 마음을 즐깁니다.

"왜?"라는 질문을 계속 해가다 보면 대답하기 어려워질 때가 있습니다. 확실한 정답을 알지 못하니 마음이 답답해지기도 하고요. 그러다 보면 '그만 생각할까?', '이걸 계속 생각할 필요가 있을까?' 하는 유혹에 빠지기도 합니다. 하지만 답답한 마음이 생기는 건 당연한 일입니다. 호기심 대장들은 답답함을 하루에도 몇 번씩 느낀다고 합니다. 무언가를 알아가는 과정은 원래 답답함으로 가득 차 있습니다. 그러니 답답한 마음이 들면 참으세요. 아니, 답답한 마음을 즐기세요. '아, 뭔지 알고 싶다. 답답해.'라는 생각이 든다는 것은 내가 지금 제대로 배워가고 있다는 뜻이니까요.

셋째, 주변을 구경합니다.
'구경하다'라는 말은 흥미나 관심을 가지고 본다는 뜻입니다. 호기심이 많은 사람들은 구경하는 걸 좋아합니다. 새롭고 신기한 것을 좋아하다 보니 이곳저곳을 다니면서 자세히 살펴보는 시간을 즐깁니다. 마트에 가서 어떤 과자가 새로 나왔는지 구경해보세요. 그리고 '왜 이런 과자를 만들었을까?'라고 생각해보세요. 친구들의 운동화를 주의 깊게 보세요. 모양은 어떤지, 어떤 색이 쓰였는지, 끈은 어떻게 묶는지, 밑창은 어떻게 생겼는지를 자세히 살펴보세요. 그리고 '왜 이런 신발을 만들었을까?'라는 생각을 해보세요. 주변을 구경하다 보면 메말라있던 호기심이 피어납니다.

넷째, 친구나 가족들과 함께 호기심 여행을 떠납니다.
다른 고장이나 외국에 가는 걸 여행이라고 합니다. 호기심 여행은 "왜?"라는 질문에 대한 답을 찾아가는 여행입니다. 혼자 걷는 것보다 누군가와 같이 걷는 게 더 재미있는 것처럼 호기심 여행도 함께 가는 사람이 있으면 좋습니다. 모르는 게 있다면 혼자 고민하지 마세요. 친구, 가족들과 같이 이야기해보세요. 만약 그들도 답을 모른다면 함께 생각하고, 함께 찾아가면 됩니다.
내 생각을 말과 글을 통해 표현해보고 상대방의 생각도 들어보세요. 서로 모르는 걸 물어보고 함께 배워간다는 건 무척 즐거운 일이랍니다.

마음대로 써라!

아침 글쓰기는 자기 마음대로 쓰는 것이다. 그래야 잘 써진다.

평소에 많이 놀아라!

평소에 영화도 많이 보고, 책도 많이 읽고, 많이 놀아야지 글쓰기를 더 잘할 수 있다. 생각을 더 잘할 수 있는 비법이다. _ 송연수

나에게 일어난 일이라고 상상해보자!

글쓰기 주제는 단순한 글이 아니다. 실제로 나에게 일어난 일이라고 상상하며 쓰면 더 쉽게 쓸 수 있다.

읽어보며 써보자!

글을 쓰다가 막힐 땐 자기 글을 쭉 읽어보자! 지금까지 쓴 글에서 힌트를 얻을 수도 있고, 똑같은 말을 반복하는 것을 피할 수 있다.

부담감을 버리자!

급하게 쓸 필요도 없고, 끝까지 모두 채울 필요도 없다. 부담을 느끼지 말고 쓰고 싶은 대로 써보자.(단, 대충 쓰라는 말은 아님.) _ 길담희

그림과 같이 써보자!
글에 맞는 그림을 그리다 보면 생각이 더 잘 난다.

친구들이 어떻게 썼는지 구경해보자!
생각이 안 날 때는 친구들의 글을 읽어보자. 그러다 보면 어떻게 써야 할지 감이 딱! 온다.

_ 전효정

아침 시간 안에 끝내라!
1교시 시작 전 무조건 끝낸다고 생각하자. 반드시 써야 한다고 생각하다 보면 뭔가 손이 빨라지면서 아이디어가 떠오른다.

친구들의 글쓰기를 많이 읽어보자!
친구들의 글쓰기를 통해 두 가지를 배울 수 있다. 자기 글에서 고쳐야 할 점과 더 쓰고 싶은 점.

_ 조현서

책이나 영화에서 아이디어를 얻자!
생각이 잘 안 나면 옛날에 봤던 책이나 영화를 떠올려보자.

_ 최성욱

번호를 매기며 써보자!
여러 가지 방법을 생각해야 할 때는 번호를 매기면서 써보자. 더 쉽고 다양하게 아이디어를 떠올릴 수 있다.

_ 송하진

이 책의 사용법

 **001**  이 글을 쓴 오늘은　　년　월　일　①

공원에 있는 비둘기들은 밤에 어디서 잠을 잘까요?

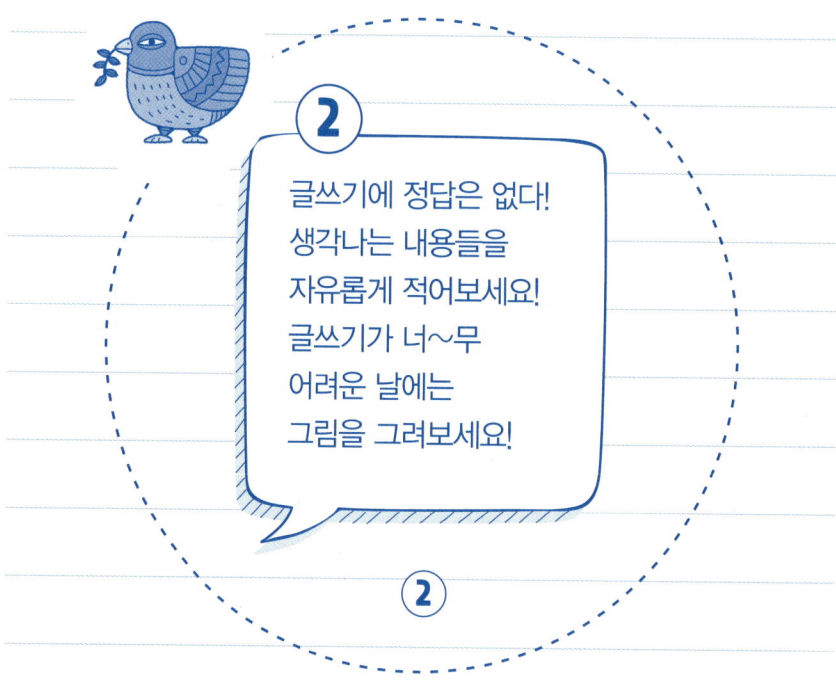

② 글쓰기에 정답은 없다! 생각나는 내용들을 자유롭게 적어보세요! 글쓰기가 너~무 어려운 날에는 그림을 그려보세요!

멋진 생각, 멋진 문장, 멋진 단어를 칭찬해보세요!

③

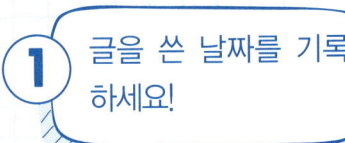

002　✏️ 이 글을 쓴 오늘은　　년　　월　　일

한국 사람들이 라면을 좋아하게 된 이유는 무엇일까요?

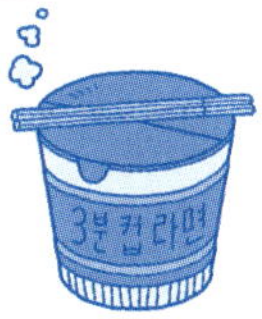

멋진 생각, 멋진 문장, 멋진 단어를 칭찬해보세요!

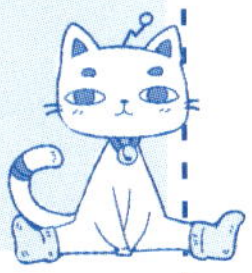

예시

나와의 약속

나 ___이파랑___ 은/는 ___9월 1일___ 부터 시작해 하루 한 장씩 글쓰기를 하겠다는 것을 약속합니다.

글쓰기는 나에게 이런 도움을 줍니다.

하나. 호기심을 키워줍니다.
둘. 생각을 글로 정리할 수 있게 해줍니다.
셋. 매일 꾸준히 하는 습관을 길러줍니다.

나는 ___매일 아침___ 시간에 글쓰기를 하겠습니다.

매일 한 편씩 빼먹지 않고 글을 쓴다면 보상으로
___친구들과 30분씩 운동장에서 놀겠___ 습니다.

만약, 매일 한 편씩 글쓰기를 하지 않는다면
___점심시간, 쉬는 시간에 놀지 않고 글쓰기를 하겠___ 습니다.

약속은 스스로 지키는 것입니다.

서명 ___이파랑___

나와의 약속

나 _____ 은/는 _____ 부터 시작해 하루 한 장씩 글쓰기를 하겠다는 것을 약속합니다.

글쓰기는 나에게 이런 도움을 줍니다.

_____
_____
_____

나는 _____ 시간에 글쓰기를 하겠습니다.

매일 한 편씩 빼먹지 않고 글을 쓴다면 보상으로
_____ 습니다.

만약, 매일 한 편씩 글쓰기를 하지 않는다면
_____ 습니다.

약속은 스스로 지키는 것입니다.

서명_____

참고문헌

826 VALENCIA (2016), 『창의력을 키우는 초등 글쓰기 좋은 질문 642』, 넥서스Friends

민상기 (2015), 『현직 초등학교 선생님이 알려주는 초등학생이 좋아하는 글쓰기 소재 365』, 연지출판사

박재찬 (2021), 『하루 한 장 초등교과서 글쓰기』, 경향미디어

인텔리전트 체인지 저·정지현, 정은희 역 (2017), 『하루 5분 아침 일기』, 심야책방

하루 한 장, 20분 동안 호기심 글쓰기를 해보세요.

매일 한 가지 질문을 보면서, 답을 생각해보고,
자유롭게 써보세요.

세상에 없는 이야기를 떠올려보면서,
생각만으로도 웃음이 나는 시간을 가져보세요.

한 편의 글을 꼭 완성하지 않아도 좋아요.

호기심 글쓰기는 즐거운 시간이어야 하니까요.

자, 이제 글을 써볼까요? ^^

예시. 1

 **000**  이 글을 쓴 오늘은　　　년　　　월　　　일

공원에 있는 비둘기들은 밤에 어디서 잠을 잘까요?

예전부터 나도 궁금해했던 주제다. 아침이나 낮에는 비둘기가 많은데 밤에는 어디로 가는 걸까?
비둘기도 새니까 당연히 둥지에서 잠을 자지 않을까? 그런데 나는 지금까지 비둘기 둥지를 본 적이 한 번도 없다. 둥지가 아니라면 둥지만큼 따뜻한 곳에서 잠잘 것 같다. 비둘기도 추울 테니까. 혹시 아파트 옥상이나 다리 밑에 숨어서 자는 건 아닐까?

멋진 생각, 멋진 문장, 멋진 단어를 칭찬해보세요!

비둘기 둥지에 대해서 고민해본 게 재밌다.
비둘기도 사람처럼 추위를 느끼기 때문에 어딘가에 숨어서 잘 것 같다고 나도 생각했다.

예시. 2

OOO　　✏️ 이 글을 쓴 오늘은　　　년　　　월　　　일

한국 사람들이 라면을 좋아하게 된 이유는 무엇일까요?

내가 생각해본 이유는 두 가지다.

첫 번째는 한국 사람들의 급한 성격 때문이다. 한국 사람들은 대부분 바쁘다. 그래서 음식을 먹을 때 최대한 간단하게 먹고 싶어 하는 사람들이 많다. 라면은 빠르게 만들 수 있고 빠르게 먹을 수 있다. 정리도 간단하다. 아무리 천천히 먹어도 20분 안에 모든 걸 끝낼 수 있다.

두 번째는 한국 사람들의 입맛에 알맞기 때문이다. 다른 나라에 비해 유독 한국 사람들은 맵고 짠 음식을 좋아한다. 그리고 따뜻한 국물 요리를 먹는 것도 즐긴다. 라면은 이 조건들을 모두 만족하는 음식이다.

멋진 생각, 멋진 문장, 멋진 단어를 칭찬해보세요!

라면을 좋아하는 이유를 한국 사람들의 성격에 연결시켜본 점이 흥미롭다. 그리고 자신의 생각을 두 가지로 나눠서 설명한 점도 잘한 것 같다.

 **001** ✎ 이 글을 쓴 오늘은   년   월   일

편의점에서 보았던 음식 중에 "이건 어떤 맛일까?"라는 호기심을 자극했던 세 가지 음식은 무엇인가요?

멋진 생각, 멋진 문장, 멋진 단어를 칭찬해보세요!

왜 손가락은 다섯 개일까요? 만약 손가락이 여섯 개라면 손의 모양은 어떻게 달라질까요? 오늘은 그려보세요!

멋진 생각, 멋진 문장, 멋진 단어를 칭찬해보세요!

003

✎ 이 글을 쓴 오늘은   년   월   일

월요일 아침, 평소처럼 교실에 들어와 내 자리에 앉았습니다. 그런데 어떻게 된 일인지 9시가 되어도 아무도 오지 않습니다. 학교에 무슨 일이 일어난 것일까요?

멋진 생각, 멋진 문장, 멋진 단어를 칭찬해보세요!

 **004** ✎ 이 글을 쓴 오늘은   년   월   일

목이 긴 기린도 토할 수 있을까요? 토하는 게 빠르다 vs. 똥 싸는 게 빠르다. 둘 중 하나를 선택해 자신의 생각을 써보세요.

멋진 생각, 멋진 문장, 멋진 단어를 칭찬해보세요!

005   ✎ 이 글을 쓴 오늘은   년   월   일

미끄럼틀의 높이가 아파트 10층만큼 높다면 과연 어떤 모습일까요? 오늘은 그려봅시다.

멋진 생각, 멋진 문장, 멋진 단어를 칭찬해보세요!

006 ✎ 이 글을 쓴 오늘은   년   월   일

우리가 점심시간에 먹고 남긴 음식들은 어디로 갈까요?

멋진 생각, 멋진 문장, 멋진 단어를 칭찬해보세요!

 **007** ✏️ 이 글을 쓴 오늘은   년   월   일

제주도에 공부를 가르치지 않는 학교가 만들어진다고 합니다. 그렇다면 그 학교의 학생들은 과연 무엇을 배울까요?

멋진 생각, 멋진 문장, 멋진 단어를 칭찬해보세요!

008   ✏️ 이 글을 쓴 오늘은   년   월   일

대한민국에서 가장 유명한 아이돌 그룹의 하루는 어떨까요? 아이돌 그룹의 구성원이 되었다고 상상하고 나의 하루 스케줄을 적어보세요!

멋진 생각, 멋진 문장, 멋진 단어를 칭찬해보세요!

 **009** ✎ 이 글을 쓴 오늘은   년   월   일

어느 날 갑자기 세상의 모든 사람이 말을 하지 못하게 된다면 어떤 일들이 일어날까요?

멋진 생각, 멋진 문장, 멋진 단어를 칭찬해보세요!

010   ✏️ 이 글을 쓴 오늘은 　　　년　　　월　　　일

한국 사람들이 라면을 좋아하게 된 이유는 무엇일까요?

멋진 생각, 멋진 문장, 멋진 단어를 칭찬해보세요!

011

✏️ 이 글을 쓴 오늘은　　　　년　　　월　　　일

내 몸이 작아져 냉장고 속으로 들어갈 수 있게 되었습니다. 그 속에서 하루를 지내야 한다면 어떤 일을 하며 시간을 보내고 싶나요?

멋진 생각, 멋진 문장, 멋진 단어를 칭찬해보세요!

012

✏️ 이 글을 쓴 오늘은　　　년　　월　　일

푸들, 포메라니안, 진돗개, 골든레트리버 등 개 네 마리가 공원에 모였습니다. 사람들은 알아들을 수 없지만 개들은 어떤 이야기를 주고받고 있을까요?

멍멍

멋진 생각, 멋진 문장, 멋진 단어를 칭찬해보세요!

 **013** ✎ 이 글을 쓴 오늘은   년   월   일

자동차 대리점에 있는 자동차들은 어떻게 해서 유리창 안쪽으로 들어갔을까요? 건물 속에 자동차를 넣는 방법을 상상해서 써보세요.

멋진 생각, 멋진 문장, 멋진 단어를 칭찬해보세요!

 **014** ✏️ 이 글을 쓴 오늘은   년   월   일

하루 종일 하늘에 해가 떠 있다면 사람들의 생활은 어떻게 달라질까요?

멋진 생각, 멋진 문장, 멋진 단어를 칭찬해보세요!

 **015** ✎ 이 글을 쓴 오늘은   년   월   일

왜 사람들은 김밥, 비빔밥처럼 여러 가지 재료를 한데 모아 먹기 시작했을까요?
다섯 가지 이상의 재료를 모아 새로운 음식을 만들어보세요!

멋진 생각, 멋진 문장, 멋진 단어를 칭찬해보세요!

 **016** ✎ 이 글을 쓴 오늘은   년   월   일

모든 것을 다 파는 가게 '다 있소'에서도 팔지 않는 물건이 있을까요? '다 있소'에서 구할 수 없는 물건은 무엇일까요?

멋진 생각, 멋진 문장, 멋진 단어를 칭찬해보세요!

 **017** ✏️ 이 글을 쓴 오늘은   년   월   일

날마다 같은 머리 스타일을 하는 게 지루하지 않나요? 모양과 색깔을 다르게 하여 일주일 동안의 머리 스타일 스케줄을 그려보세요!

멋진 생각, 멋진 문장, 멋진 단어를 칭찬해보세요!

 **018** ✏️ 이 글을 쓴 오늘은　　년　　월　　일

일주일이 7일이 아닌 5일이 된다면 요일 이름이 어떻게 달라질까요? 5일에 어울리는 새로운 요일 이름을 만들어보고 그 이유도 함께 써보세요.

멋진 생각, 멋진 문장, 멋진 단어를 칭찬해보세요!

 **019**   ✎ 이 글을 쓴 오늘은   년   월   일

마트에서 먹어볼 수 있는 시식 음식 중에 가장 맛있는 것은 무엇인가요? '마트 최고의 시식 음식 베스트 3'를 꼽고 그 이유를 써보세요.

멋진 생각, 멋진 문장, 멋진 단어를 칭찬해보세요!

020

✏️ 이 글을 쓴 오늘은　　년　　월　　일

기억을 잃는 건 무조건 나쁜 일일까요? '기억이 흐릿해져서 좋다.'라고 생각했던 경험을 떠올리고, 아직 잊지 못했지만 앞으론 잊고 싶은 기억이 무엇인지 써보세요.

멋진 생각, 멋진 문장, 멋진 단어를 칭찬해보세요!

 **021** ✎ 이 글을 쓴 오늘은   년   월   일

지금부터 3분 동안 눈을 감고 어떤 생각도 하지 말아보세요. 정말로 아무런 생각도 하지 않았나요? 생각을 하지 않으려고 노력했음에도 어떤 생각들이 떠올랐나요? 머릿속에 3분 동안 어떤 생각들이 돌아다녔는지를 글로 써보세요.

멋진 생각, 멋진 문장, 멋진 단어를 칭찬해보세요!

022

✏️ 이 글을 쓴 오늘은　　　년　　　월　　　일

공원에 있는 비둘기들은 밤에 어디서 잠을 잘까요?

멋진 생각, 멋진 문장, 멋진 단어를 칭찬해보세요!

023

✎ 이 글을 쓴 오늘은   년   월   일

우리 집에서 가장 깨끗한 곳, 가장 지저분한 곳은 어디인가요? 왜 그렇게 생각하나요?

멋진 생각, 멋진 문장, 멋진 단어를 칭찬해보세요!

 **024** ✎ 이 글을 쓴 오늘은   년   월   일

내가 우리 학교의 교장선생님이 된다면 어떤 학교를 만들어보고 싶나요?

멋진 생각, 멋진 문장, 멋진 단어를 칭찬해보세요!

 **025** ✏️ 이 글을 쓴 오늘은   년   월   일

똑똑하게 화내는 방법이 있을까요? 똑똑하게 화내기를 연습해보려 합니다. 5단계 연습법을 만들어 적어보세요.

멋진 생각, 멋진 문장, 멋진 단어를 칭찬해보세요!

 **026** ✎ 이 글을 쓴 오늘은   년   월   일

포스트잇 메모지는 마음대로 붙였다 떼었다 할 수 있습니다. 포스트잇 메모지처럼 붙였다 떼었다 할 수 있으면 좋을 것 같은 물건 세 가지를 들고 그 이유를 써보세요.

멋진 생각, 멋진 문장, 멋진 단어를 칭찬해보세요!

027   ✎ 이 글을 쓴 오늘은   년   월   일

불교에서는 이 세상에 태어나기 이전의 일생을 '전생'이라고 부릅니다. 불교 교리에 따르면 지금 내가 만나고 있는 가족과 친구들은 모두 전생에도 만났던 사람들입니다. 지금의 엄마는 전생에 나의 여동생이었을지도 모릅니다. 그렇다면 아빠는요? 내 친구는 전생에서도 친구였을까요? 나의 전생에 대한 이야기를 상상해 써보세요.

멋진 생각, 멋진 문장, 멋진 단어를 칭찬해보세요!

 **028** ✎ 이 글을 쓴 오늘은   년   월   일

내일부터는 마트에서 계산을 하려면 돈이 아니라 우유를 내야 한다고 합니다. 우유가 돈을 대신하게 되면 어떤 일이 생길까요? 집에서 젖소를 키워야 할까요?

멋진 생각, 멋진 문장, 멋진 단어를 칭찬해보세요!

외계인들이 지구로 놀러 올 때 정말 UFO를 타고 올까요? 외계인들이 타고 올 우주선은 어떤 모양일까요? 오늘은 그려보세요!

멋진 생각, 멋진 문장, 멋진 단어를 칭찬해보세요!

030

✏️ 이 글을 쓴 오늘은   년   월   일

우리는 왜 잠을 잘까요? 잠을 자지 않는다면 하고 싶은 일들을 마음껏 할 수 있을 텐데 말이죠. 우리가 잠을 자야 하는 이유를 써보세요.

멋진 생각, 멋진 문장, 멋진 단어를 칭찬해보세요!

031

✎ 이 글을 쓴 오늘은   년   월   일

놀이공원에 있는 귀신의 집에서 일하는 '가짜' 귀신들은 '진짜' 귀신을 만나면 어떻게 행동할까요?

멋진 생각, 멋진 문장, 멋진 단어를 칭찬해보세요!

032

✏️ 이 글을 쓴 오늘은   년   월   일

앞으로 일주일 동안 고구마만 먹고 살아야 한다면 어떤 고구마 요리를 만들어 먹고 싶나요? '월, 화, 수, 목, 금, 토, 일' 요일별로 적어보세요!

멋진 생각, 멋진 문장, 멋진 단어를 칭찬해보세요!

 **033** ✎ 이 글을 쓴 오늘은   년   월   일

"좋은 건 나눌수록 더 좋다."라는 말을 들어본 적 있나요? 사람들이 이렇게 이야기하는 이유는 무엇일까요?

멋진 생각, 멋진 문장, 멋진 단어를 칭찬해보세요!

034

✎ 이 글을 쓴 오늘은   년   월   일

어른들이 어린이에게 잘해주는 이유는 무엇일까요? 나이가 많은 사람이니까? 멋있게 보이려고? 어른이면 어린이에게 무조건 잘해줘야 하는 걸까요? 그렇게 생각하는 이유는 무엇인가요?

멋진 생각, 멋진 문장, 멋진 단어를 칭찬해보세요!

 **035** ✎ 이 글을 쓴 오늘은   년   월   일

함께 있으면 나도 모르게 기분이 좋아지는 사람이 있습니다. 나에게 그 사람은 누구인가요? 그 이유는 무엇일까요?

멋진 생각, 멋진 문장, 멋진 단어를 칭찬해보세요!

036

✏️ 이 글을 쓴 오늘은   년   월   일

비 오는 날 친구가 우산을 폈는데, 깜짝 놀라며 크게 웃었습니다. 친구는 왜 웃은 걸까요?

멋진 생각, 멋진 문장, 멋진 단어를 칭찬해보세요!

 **037** ✎ 이 글을 쓴 오늘은   년   월   일

왜 병원에서는 십자 표시를 사용할까요? 빨간 십자 표시를 사용하는 곳과 녹색 십자 표시를 사용하는 곳은 어떤 점이 다를까요?

멋진 생각, 멋진 문장, 멋진 단어를 칭찬해보세요!

 **038** ✏️ 이 글을 쓴 오늘은   년   월   일

오늘부터 한 달 동안 같은 옷만 입어야 한다면 어떤 옷을 고를 건가요? 그 옷을 선택한 이유는 무엇인가요?

멋진 생각, 멋진 문장, 멋진 단어를 칭찬해보세요!

039

✎ 이 글을 쓴 오늘은　　　년　　　월　　　일

다른 사람들에겐 다 있는데 나만 없는 건 무엇인가요? 반대로 다른 사람들에겐 없는데 나만 가지고 있는 건 무엇인가요?

멋진 생각, 멋진 문장, 멋진 단어를 칭찬해보세요!

040

✎ 이 글을 쓴 오늘은　　　년　　　월　　　일

우리가 사용하고 남은 플라스틱과 비닐은 어디로 갈까요? 플라스틱이나 비닐이 되었다고 상상해보고, 이들의 여행기를 써보세요.

멋진 생각, 멋진 문장, 멋진 단어를 칭찬해보세요!

 **041** ✎ 이 글을 쓴 오늘은   년   월   일

나는 횟집 수족관에 있는 물고기입니다. 방금 전에도 옆에 있던 친구가 뜰채에 들려 나갔죠. 이곳에서 요리가 되지 않고 살아남으려면 어떻게 해야 할까요?

멋진 생각, 멋진 문장, 멋진 단어를 칭찬해보세요!

 **042** ✏️ 이 글을 쓴 오늘은   년   월   일

잡채를 먹어보지 못한 외국인 친구에게 잡채를 생생하게 설명하는 글을 써보세요.

멋진 생각, 멋진 문장, 멋진 단어를 칭찬해보세요!

043

✎ 이 글을 쓴 오늘은   년   월   일

귀금속인 금은 먹을 수도 없고 어디에 사용하기도 쉽지 않습니다. 그런데 왜 이렇게 비싼 걸까요?

멋진 생각, 멋진 문장, 멋진 단어를 칭찬해보세요!

044

✎ 이 글을 쓴 오늘은   년   월   일

동물원에서 숨바꼭질을 하게 된다면 어떤 동물 우리로 들어가 숨는 게 좋을까요? 사자, 호랑이, 곰, 사슴 우리 중에서 골라보세요. 그리고 왜 그렇게 생각하는지 써보세요.

멋진 생각, 멋진 문장, 멋진 단어를 칭찬해보세요!

 **045** ✎ 이 글을 쓴 오늘은   년   월   일

웨딩드레스는 왜 하얀색일까요? 웨딩드레스 디자이너가 되었다고 생각하고 세상에 없던 새로운 웨딩드레스를 디자인해보세요!

멋진 생각, 멋진 문장, 멋진 단어를 칭찬해보세요!

 **046** ✎ 이 글을 쓴 오늘은   년   월   일

특별한 송편 만들기 대회에 참가하게 되었습니다. 강원도의 도토리 송편, 충청도의 호박 송편, 경상도의 칡 송편, 전라도의 모시잎 송편. 이 대회에서 우승할 수 있는 특별한 송편의 이름과 재료를 상상해볼까요? 오늘은 그려보세요!

멋진 생각, 멋진 문장, 멋진 단어를 칭찬해보세요!

047 ✏️ 이 글을 쓴 오늘은   년   월   일

학교에 왔더니 사물함 속에 노란 양말을 신은 까만 아기 고양이 한 마리가 있었습니다. 내가 깜짝 놀라자 아기 고양이가 이곳에 오게 된 이유를 말하기 시작했습니다. 뒤에 이어질 이야기를 꾸며 써보세요.

멋진 생각, 멋진 문장, 멋진 단어를 칭찬해보세요!

 **048** ✎ 이 글을 쓴 오늘은   년   월   일

팥빵 속엔 팥앙금이, 크림빵 속엔 크림이, 소시지빵 속엔 소시지가 들어 있습니다. 아직 빵집에서 팔지 않는 새로운 빵 세 가지를 생각해볼까요? 오늘은 그려보세요!

멋진 생각, 멋진 문장, 멋진 단어를 칭찬해보세요!

 **049** ✎ 이 글을 쓴 오늘은   년   월   일

오징어가 문어에게 말했습니다. "넌 왜 다리가 8개밖에 없어?" 문어가 되물었습니다. "넌 왜 다리가 10개나 있어?" 옆에 있던 돌고래가 "쯧쯧." 하면서 입을 열었습니다. 돌고래는 어떤 이야기를 했을까요?

멋진 생각, 멋진 문장, 멋진 단어를 칭찬해보세요!

 **050** ✎ 이 글을 쓴 오늘은   년   월   일

다음 주 토요일에 숲에서 작은 동물 음악회가 열립니다. 바퀴벌레, 사마귀, 거미, 무당벌레, 지네에게 어울리는 악기를 각각 추천해주세요. 그 악기를 추천하는 이유도 함께 적어보세요.

멋진 생각, 멋진 문장, 멋진 단어를 칭찬해보세요!

051   ✎ 이 글을 쓴 오늘은   년   월   일

"어른들은 아침밥을 꼭 먹어야 한다고 말하는데 나는 그렇게 생각하지 않는다." 어른들은 중요하다고 생각하지만 나는 별로 중요하지 않다고 생각하는 것에는 어떤 게 있나요? 그렇게 생각하는 이유는 무엇인가요?

멋진 생각, 멋진 문장, 멋진 단어를 칭찬해보세요!

 **052** ✏️ 이 글을 쓴 오늘은   년   월   일

붕어빵이 말했습니다. "나도 붕어 맞지? 날 먹지 말고 얼른 수족관에 넣어줘." 붕어빵에게 어떻게 대답할지 써보세요.

멋진 생각, 멋진 문장, 멋진 단어를 칭찬해보세요!

 **053** ✎ 이 글을 쓴 오늘은   년   월   일

어른들은 왜 비싸고 멋진 자동차를 가지고 싶어 할까요? 자전거나 킥보드로 충분하지 않나요?

멋진 생각, 멋진 문장, 멋진 단어를 칭찬해보세요!

054

✎ 이 글을 쓴 오늘은   년   월   일

나와 친한 친구들을 머릿속에 떠올려보세요. 그 친구들 모두가 가지고 있는 공통점 세 가지는 무엇인가요?

멋진 생각, 멋진 문장, 멋진 단어를 칭찬해보세요!

055 ✎ 이 글을 쓴 오늘은   년   월   일

웃음 조끼를 입으면 아무리 슬프고 힘든 사람도 즐겁게 웃게 됩니다. 이 웃음 조끼는 어떤 모습일까요? 오늘은 그려보세요!

멋진 생각, 멋진 문장, 멋진 단어를 칭찬해보세요!

056 ✏️ 이 글을 쓴 오늘은   년   월   일

개를 위한 스마트폰이 만들어진다면 어떻게 생겼을까요? 어떤 기능이 있을까요? 개는 이걸 어떻게 사용할까요?

멋진 생각, 멋진 문장, 멋진 단어를 칭찬해보세요!

057

✎ 이 글을 쓴 오늘은   년   월   일

초등학생들만 모여 사는 아파트를 짓는다면 아파트 안에 어떤 공간이나 시설을 마련하고 싶나요? 그리고 몇 층에서 어떻게 살아보고 싶나요?

멋진 생각, 멋진 문장, 멋진 단어를 칭찬해보세요!

058

✏️ 이 글을 쓴 오늘은   년   월   일

떡볶이 속에 들어 있는 재료들끼리 서로 칭찬을 주고받기 시작했습니다. 어묵은 가래떡과 삶은 달걀에게 어떤 칭찬을 해주었을까요?

멋진 생각, 멋진 문장, 멋진 단어를 칭찬해보세요!

 **059** ✎ 이 글을 쓴 오늘은   년   월   일

페달을 발이 아니라 손으로 돌려서 움직이는 자전거는 없을까요? 자전거 디자이너가 되었다고 상상하고 세상에 없는 새로운 자전거를 발명해보세요! 설명이 어려우면 그려봐도 좋습니다.

멋진 생각, 멋진 문장, 멋진 단어를 칭찬해보세요!

060　　✎ 이 글을 쓴 오늘은　　　년　　월　　일

와플 맛있게 먹기 대회에 나가게 되었습니다. 드디어 결승전! 내 경쟁자는 와플에 초콜릿 시럽을 부은 다음 바나나를 올리고, 그 위에 설탕 가루를 뿌렸습니다. 자, 이제 나는 어떤 와플을 만들어 어떻게 먹을 것인가요?

멋진 생각, 멋진 문장, 멋진 단어를 칭찬해보세요!

061 ✎ 이 글을 쓴 오늘은   년   월   일

두 친구가 다투고 있습니다. 한 친구가 말했습니다. "수학 잘 하는 것보다 글 잘 쓰는 게 당연히 더 좋지." 이 친구는 왜 이런 말을 하게 됐을까요? 이렇게 생각하는 이유는 무엇일까요?

멋진 생각, 멋진 문장, 멋진 단어를 칭찬해보세요!

062

✏️ 이 글을 쓴 오늘은   년   월   일

한 달 동안 내 이름이 아니라 친구의 이름으로 살 수 있다면 어떤 친구의 이름을 써 보고 싶나요? 그 이유는 무엇인가요?

멋진 생각, 멋진 문장, 멋진 단어를 칭찬해보세요!

063

✏️ 이 글을 쓴 오늘은　　　년　　　월　　　일

나는 옷가게 사장님입니다. 한 손님이 나에게 물었습니다. "이 옷과 저 옷은 색깔과 모양은 같지만 서로 크기가 다른데 왜 가격이 똑같나요?" 손님이 이해할 수 있도록 설명해보세요.

멋진 생각, 멋진 문장, 멋진 단어를 칭찬해보세요!

064

✎ 이 글을 쓴 오늘은　　　년　　월　　일

세상에 있는 기념일들은 왜 만들어진 것일까요? 365일 중에 3일을 나만의 기념일로 만든다면 어떤 날을 고르고 싶나요? 그 이유는 무엇인가요?

멋진 생각, 멋진 문장, 멋진 단어를 칭찬해보세요!

065 ✏️ 이 글을 쓴 오늘은   년   월   일

나는 선생님입니다. 우리 반 학생들이 "선생님, 할로윈 파티 해요."라고 지난주부터 하루에 열 번씩 말하고 있습니다. 어떤 파티를 하면 우리 반 학생들과 즐거운 시간을 보낼 수 있을까요? 기억에 남을 이벤트 세 가지를 계획해보세요!

멋진 생각, 멋진 문장, 멋진 단어를 칭찬해보세요!

066 ✏ 이 글을 쓴 오늘은   년   월   일

껌을 하나 입속에 넣었습니다. 입속에 들어간 껌은 어떤 기분을 느낄까요? 풍선껌이 되었다고 상상하고 날 씹으려는 사람에게 세 가지 요구사항과 그 이유를 이야기해 봅시다.

멋진 생각, 멋진 문장, 멋진 단어를 칭찬해보세요!

 **067** ✎ 이 글을 쓴 오늘은   년   월   일

놀이터에서는 왜 아이들만 놀 수 있는 걸까요? 어른들을 위한 놀이터가 생긴다면 어떤 놀이기구들이 있을까요? 그곳에서 어른들은 뭘 하며 놀까요?

멋진 생각, 멋진 문장, 멋진 단어를 칭찬해보세요!

068 이 글을 쓴 오늘은   년   월   일

세상에서 가장 빠르게 달릴 수 있게 해주는 운동화는 어떻게 생겼을까요? 오늘은 그려보세요!

멋진 생각, 멋진 문장, 멋진 단어를 칭찬해보세요!

 **069** ✎ 이 글을 쓴 오늘은   년   월   일

색종이는 왜 손바닥만 한 크기일까요? 교실 크기 정도 되는 색종이가 다섯 장 있다면 종이접기로 무엇을 만들어보고 싶나요?

멋진 생각, 멋진 문장, 멋진 단어를 칭찬해보세요!

 **070** ✎ 이 글을 쓴 오늘은   년   월   일

교실에 선생님과 나 이렇게 둘만 있습니다. 선생님이 갑자기 나에게 다가와서 아주 작은 목소리로 내 이름을 불렀습니다. 선생님은 왜 내 이름을 부른 걸까요? 이어질 이야기를 꾸며 써보세요.

멋진 생각, 멋진 문장, 멋진 단어를 칭찬해보세요!

071

✎ 이 글을 쓴 오늘은　　　년　　　월　　　일

가래떡이 빼빼로에게 결투를 신청했습니다. "11월 11일이 왜 빼빼로데이냐? 가래떡 데이지." 가래떡과 빼빼로가 싸우는 모습을 상상해서 글과 그림으로 표현해보세요!

멋진 생각, 멋진 문장, 멋진 단어를 칭찬해보세요!

 **072** ✎ 이 글을 쓴 오늘은   년   월   일

알람 소리가 영원히 멈추지 않는 시계가 있다면 이 시계를 어떻게 사용하는 게 좋을까요?

멋진 생각, 멋진 문장, 멋진 단어를 칭찬해보세요!

073

✎ 이 글을 쓴 오늘은   년   월   일

11월 11일은 날짜에 숫자 1이 네 번이나 반복되는 날입니다. 1년 중 하루밖에 없는 이날을 새로운 기념일로 정한다면 어떤 이름을 붙이고 싶나요?

멋진 생각, 멋진 문장, 멋진 단어를 칭찬해보세요!

074 ✎ 이 글을 쓴 오늘은   년   월   일

선생님이 호주머니가 열 개나 달린 기다란 코트를 입고 오셨습니다. 열 개의 호주머니 각각에는 어떤 물건들이 들어있을까요? 그리고 이 물건들을 선생님은 언제 어떻게 사용하실 것 같나요?

멋진 생각, 멋진 문장, 멋진 단어를 칭찬해보세요!

 **075** ✎ 이 글을 쓴 오늘은   년   월   일

사람들이 이모티콘을 사용하는 이유는 무엇일까요? 지금까지 보지 못했던 창의적인 이모티콘 네 가지를 만들어보세요!

멋진 생각, 멋진 문장, 멋진 단어를 칭찬해보세요!

 **076** ✎ 이 글을 쓴 오늘은　　　년　　　월　　　일

딱 세 문장이 적힌 편지를 읽고 부모님은 기분이 매우 좋아지셨습니다. 편지에 적힌 세 문장은 무엇일까요?

멋진 생각, 멋진 문장, 멋진 단어를 칭찬해보세요!

 **077** ✏️ 이 글을 쓴 오늘은   년   월   일

세계에서 가장 귀여운 동물을 뽑는 대회가 열렸습니다. 결승전에서 만나게 된 두 동물은 판다와 사막여우! 내가 심사위원이 되었다고 상상하고 최종 우승 동물을 골라 봅시다. 그 이유도 써봅시다.

멋진 생각, 멋진 문장, 멋진 단어를 칭찬해보세요!

 **078** ✏️ 이 글을 쓴 오늘은   년   월   일

내 필통 속에 있는 연필들이 가장 행복한 때는 언제일까요?

멋진 생각, 멋진 문장, 멋진 단어를 칭찬해보세요!

 **079** ✎ 이 글을 쓴 오늘은   년   월   일

언제 먹어도 맛있는 라면이지만 비 오는 날 먹으면 더 맛있습니다. 비 오는 날, 라면을 맛있게 먹을 수 있는 방법을 세 가지 써보세요.

멋진 생각, 멋진 문장, 멋진 단어를 칭찬해보세요!

080 ✏️ 이 글을 쓴 오늘은   년   월   일

악마가 지옥으로 가던 중 내비게이션을 잘못 봐서 천국에 도착하게 되었습니다. 저쪽에서 천사 네 명이 날아오고 있습니다. 앞으로 악마에게 어떤 일이 생길까요?

멋진 생각, 멋진 문장, 멋진 단어를 칭찬해보세요!

081

✎ 이 글을 쓴 오늘은   년   월   일

어느 날 공원에 자동차 크기의 커다란 바나나 벤치가 나타났습니다! 아무도 없는 저녁 시간, 이 공원에는 어떤 일이 일어날까요? (바나나 모양이 아니라 진짜 바나나!)

멋진 생각, 멋진 문장, 멋진 단어를 칭찬해보세요!

 **082** ✎ 이 글을 쓴 오늘은　　　년　　　월　　　일

빨강 크레용, 노랑 크레용, 파랑 크레용이 모여 이야기를 나누고 있습니다. "우리 주인을 놀라게 해줄 만한 재미있는 일 없을까?" 크레용 셋은 특별한 계획을 꾸미기 시작했습니다. 이어질 이야기를 꾸며 써보세요.

멋진 생각, 멋진 문장, 멋진 단어를 칭찬해보세요!

 **083** ✏️ 이 글을 쓴 오늘은   년   월   일

하늘에서 눈이 아니라 양말이 펑펑 내리고 있습니다. 수북하게 쌓여있는 양말을 어디에 어떻게 사용하면 좋을까요?

멋진 생각, 멋진 문장, 멋진 단어를 칭찬해보세요!

 **084** ✎ 이 글을 쓴 오늘은　　년　　월　　일

손에 들고 있던 일곱 개의 풍선 중 한 개를 놓쳐 노란색 풍선이 하늘로 날아가버렸습니다. 나머지 풍선 여섯 개는 어떤 색깔일까요? 그리고 원래 가지고 있던 풍선 일곱 개로 하려던 일은 무엇이었을까요?

멋진 생각, 멋진 문장, 멋진 단어를 칭찬해보세요!

085

✎ 이 글을 쓴 오늘은   년   월   일

고래상어는 바닷속에 있는 물고기, 오징어, 게, 새우 등을 물과 함께 단번에 먹어 치웁니다. 그런데 고래상어에게 잡아먹혔던 오징어가 탈출에 성공했습니다. 오징어는 어떻게 고래상어의 배 속에서 탈출할 수 있었던 걸까요?

멋진 생각, 멋진 문장, 멋진 단어를 칭찬해보세요!

 **086** ✎ 이 글을 쓴 오늘은   년   월   일

도넛을 세는 단위로 영어에 '더즌(dozen)'이라는 단어가 있습니다. 12개가 1더즌입니다. 왜 도넛은 1더즌 단위로, 즉 12개씩 포장하는 걸까요? 12라는 숫자 속에 숨겨진 도넛의 비밀을 상상해보세요!

멋진 생각, 멋진 문장, 멋진 단어를 칭찬해보세요!

 **087** ✏️ 이 글을 쓴 오늘은   년   월   일

화장실 변기는 왜 하얀색 도기로 만들어져 있는 걸까요? 노란색, 분홍색이면 이상할까요? 화장실 변기가 하얀색이 된 이유를 상상해서 써보세요.

멋진 생각, 멋진 문장, 멋진 단어를 칭찬해보세요!

 **088** ✏️ 이 글을 쓴 오늘은   년   월   일

가장 강해 보이는 게임 닉네임과 가장 약해 보이는 게임 닉네임을 각각 세 개씩 만들어 적어보세요. 단, 욕이 들어가면 안 됩니다.

멋진 생각, 멋진 문장, 멋진 단어를 칭찬해보세요!

089

✎ 이 글을 쓴 오늘은   년   월   일

일하면서 부르는 노래를 '노동요'라고 합니다. 사람들이 일을 하면서 노래를 부르는 이유는 무엇일까요? 일이 잘되게 만들어주는 노래 가사를 써보세요.

멋진 생각, 멋진 문장, 멋진 단어를 칭찬해보세요!

090

✏️ 이 글을 쓴 오늘은　　　년　　월　　일

월요일 아침, 교실에 들어왔더니 내 실내화와 친구들의 실내화 밑에 탱탱볼이 달려 있었습니다. 선생님이 우리들의 실내화를 탱탱볼 실내화로 바꿔주신 이유는 무엇일까요?

멋진 생각, 멋진 문장, 멋진 단어를 칭찬해보세요!

 **091** ✎ 이 글을 쓴 오늘은   년   월   일

브로콜리로 만든 '(   ) 요리'를 먹어본 아이들은 모두 브로콜리를 좋아하게 된다고 합니다. 1인분에 100만 원이나 하는 '(   ) 요리'의 이름과 만드는 방법을 상상해서 써보세요.

멋진 생각, 멋진 문장, 멋진 단어를 칭찬해보세요!

 **092** ✏️ 이 글을 쓴 오늘은   년   월   일

매일 아침 글쓰기 주제를 던져주던 선생님이 이렇게 말씀하셨습니다. "오늘은 생각이 정말 안 나서 질문을 못 만들었어요." 선생님의 이야기를 듣고, 나는 쪽지에 질문을 적어 선생님께 드렸습니다. 어떤 질문을 적었을까요?

멋진 생각, 멋진 문장, 멋진 단어를 칭찬해보세요!

093   ✎ 이 글을 쓴 오늘은   년   월   일

동생이 말했습니다. "산타는 있어!" 그러자 형이 말했습니다. "산타는 없어!" 정말 산타는 있을까요, 없을까요? 산타클로스에 대한 자신의 생각을 적어보세요.

멋진 생각, 멋진 문장, 멋진 단어를 칭찬해보세요!

094

✎ 이 글을 쓴 오늘은   년   월   일

플라스틱과 종이, 비닐은 따로따로 버려야 한다고 합니다. 이렇게 잘 나눠서 버려야 하는 이유는 무엇일까요?

멋진 생각, 멋진 문장, 멋진 단어를 칭찬해보세요!

 **095** ✏️ 이 글을 쓴 오늘은　　　년　　　월　　　일

생일 선물로 친구에게 슬라임을 받았습니다. 옆에 있던 친구가 "슬라임, 그거 몸에 안 좋은 건데."라고 말했습니다. 이 친구는 왜 이런 말을 한 걸까요?

멋진 생각, 멋진 문장, 멋진 단어를 칭찬해보세요!

096

✏️ 이 글을 쓴 오늘은 　　년　　월　　일

아무도 없을 때 몰래 먹으려고 숨겨두었던 젤리가 없어졌습니다. 엄마, 아빠, 동생의 입을 보니 뭔가를 우물우물하고 있는데요. 어떻게 하면 직접 물어보지 않고 나의 젤리를 훔친 범인을 찾아낼 수 있을까요?

멋진 생각, 멋진 문장, 멋진 단어를 칭찬해보세요!

 **097** ✎ 이 글을 쓴 오늘은   년   월   일

손톱이 발톱보다 빨리 자라는 이유를 상상해서 써보세요.

멋진 생각, 멋진 문장, 멋진 단어를 칭찬해보세요!

098

✏️ 이 글을 쓴 오늘은   년   월   일

본래의 모습과 다르게 옷차림, 머리 모양, 얼굴을 바꾸는 걸 변장이라고 합니다. 방과 후에 선생님이 긴 머리 가발을 쓰고, 콧수염을 붙이고, 평소에는 입지 않던 옷을 입고 학교 밖으로 나가셨습니다. 선생님이 변장을 한 이유는 무엇일까요?

멋진 생각, 멋진 문장, 멋진 단어를 칭찬해보세요!

500원 동전은 1982년에 등장했습니다. 그때까지 500원은 동전이 아니라 지폐였습니다. 앞으로 50년 뒤, 우리는 어떤 모양의 동전과 지폐를 사용하게 될까요? 오늘은 그려보세요.

멋진 생각, 멋진 문장, 멋진 단어를 칭찬해보세요!

 **100** ✎ 이 글을 쓴 오늘은   년   월   일

지금까지 쓴 99개의 글쓰기 질문 중에서 더 알아보고 싶은 두 가지 질문은 무엇인가요? 그렇게 생각하는 이유는 무엇인가요?

멋진 생각, 멋진 문장, 멋진 단어를 칭찬해보세요!

배움의 첫걸음은 호기심이다!

글쓰기 인증서

성 명 :

끝마친 글쓰기 질문 :　　　　개

년　　　월　　　일

위의 기재된 내용이 틀림없음을 확인함.

글쓰기 동반자　　　　　　서명